Regine Schindler   Große Gott – singsch Du im Wind?

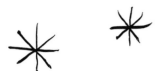

Regine Schindler

Große Gott–
singsch Du im Wind?

Ein Gebetbüchlein für Kinder
und ihre Eltern
mit Illustrationen von Sita Jucker

Flamberg

Für Bettina, Magdalena, Salomon, Anna und Benjamin

CIP-Titelaufnahme der Deutschen Bibliothek

Schindler, Regine
Große Gott – singsch Du im Wind? Ein Gebetbüchlein
für Kinder u. ihre Eltern / Regine Schindler.
Mit Ill. von Sita Jucker. – 12. Aufl. –
Zürich: Theologischer Verlag, 1999.
ISBN 3-290-11474-0

Wer bisch Du, große Gott?

Große Gott, singsch Du im Wind?
Wonsch Du im Himel, säg mer's gschwind!
Oder bisch Du i jedem Baum?
Chunsch Du zu mir hüt znacht im Traum?
Machsch Du, das 's Nacht wird und au Tag?
Ich ha so mängi großi Frag!

Amen.

Lenger als 's lengschti Gleis vo de Wält,
meh wert als tuusig Seck vole Gält,
ticker als die gröscht Wulche-n-am Himel
und schöner als de schönschti Schimel,
lieber als ali Mäntsche und Tier,
so bisch Du, große Gott, mit mir.
Drum mach us mir e großes Chind,
so groß, wie Papa und Mama sind.

Amen.

Gott, ich weiß, das me Dich nöd cha gseh.
Mach, das ich öppis vo Dir spüre.
Gib eus jede Tag so vil Freud wie hüt;
dänn merked mir, das Du bi eus bisch.

Amen.

Sonne, Mond und Sterne,
alles in der Näh und Ferne,
das Tier auf der Weide,
Blumen im bunten Kleide,
Vögel auf grünen Zweigen,
alles, Gott, ist Dein eigen.
Du wollest auch für mich sorgen,
daß ich in Frieden schlaf
bis morgen.

Amen.

Es blitzt so grell,
der Donner rollt!
Doch wie ein Hirt
sein Schäfchen holt,
auf starken Armen
heimwärts bringt,
so trägst Du sachte
jedes Kind.

Amen.

Liebe Gott,
Wie Mueter und Vater han ich Dich gern.
Du wonsch nöd wiit ewäg uf eme Stern.
D'Freud tuesch Du uf d'Erde bringe,
das au die Große chönd lache und singe.
Du hilfsch, das ali uf de Erde
mit Dir chönd froh und glückli werde.

Amen.

Gott, niemert vo eus cha Dich gseh,
bisch nöd i Wulche, Luft und See.
Ich würd i vili Länder räne,
wä me Dich det würd besser käne.

Nu Jesus cha vo Dir verzele.
Er chunt zu eus. Du häsch es wele.
Er chunt vo Dir. Er isch Dis Chind.
Er zeiget eus, wie me Dich findt.

Amen.

Zu Lahme und Blinde isch Jesus cho.
Er hät iri Chranket vo-n-ene gno.
Gern hät er ali Mäntsche gha
und gmacht, das niemert Sorge mües ha.

Wie Jesus söttet's au mir hüt mache,
so, das die Müede und Chranke chönd lache.
Du hilfsch eus, Gott, susch chöned mir nüüt.
Ohni Dich simmir gar kei starchi Lüüt.

Amen.

Ich singe Dir mit Herz und Mund,
Herr, meines Herzens Lust;
ich sing und mach auf Erden kund,
was mir von Dir bewußt.

Was sind wir doch? Was haben wir
auf dieser ganzen Erd,
das uns, o Vater, nicht von Dir
allein gegeben werd?

Wer hat das schöne Himmelszelt
hoch über uns gesetzt?
Wer ist es, der uns unser Feld
mit Tau und Regen netzt?

Wer wärmet uns in Kält und Frost?
Wer schützt uns vor dem Wind?
Wer macht es, daß man Korn und Most
zu ihren Zeiten findt?

Ach Herr, mein Gott, das kommt von Dir,
Du, Du mußt alles tun;
Du hältst die Wach an unserer Tür
und läßt uns sicher ruhn.

Znacht, wänn t'Mueter usegaat ...

Znacht, wänn t'Mueter usegaat
und de Mond am Himel staht,
isch's im Zimmer nöd so schön,
wil ich nume Schatte gsehn.

Ich mein, im Bode seig en Grabe
und me fali det dri-n-abe.
Aber 's hät bestimmt käs Loch.
Ich weiß es – und i fürch mi doch.

Liebe Gott, bliib Du bi mir!
Liebe Gott, ich tanke Dir!

Amen.

Gott, der Du heute mich bewacht,
beschütze mich auch diese Nacht.
Du sorgst für alle, groß und klein,
drum schlaf ich ohne Sorgen ein.

Amen.

Liebe Gott, ich will Dir tanke,
hilf au allne arme Chranke,
las mich schlafe tüüf und fescht
wie t'Vögeli uf irne-n-Escht.

Amen.

Ich ghöre-n-es Glöggli

Ich ghöre-n-es Glöggli,
das lüütet so nett,
de Tag isch vergange,
jetz gaan-i is Bett,
im Bett wil-i bätte
und schlafe dänn ii,
de lieb Gott im Himel wird au bi mer sii.

De Tag isch vergange,
es tunklet ja schoo,
Du lieb Gott im Himel,
ich bi ja so froh.
Ich wott nöd elei si,
doch du bisch bi mir,
und Mueter und Vater, die wached mit Dir.

Amen.

Lieber Gott, kannst alles geben,
gib auch, was ich bitte nun:
Schütze diese Nacht mein Leben,
laß mich sanft und sicher ruhn.
Wenn Du wachst, bin ich geborgen.
Schütze auch die Eltern mein.
Laß uns alle dann am Morgen
fröhlich und Dir dankbar sein.

Amen.

Müde bin ich, geh zur Ruh,
schließe beide Äuglein zu.
Vater, laß die Augen dein
über meinem Bette sein.
Hab ich Unrecht heut getan,
sieh es, lieber Gott, nicht an.
Alle, die mir sind verwandt,
Gott, laß ruhn in deiner Hand;
alle Menschen, groß und klein,
sollen dir befohlen sein.

Amen.

Liebe Gott, wänn's tunkel isch,
weiß ich, das Du bii mer bisch.
Ich tänke, fascht i jedem Egge
tüeg sich e wilds Tier verstecke,
us em Tunkle chöm e Hand,
oder ich stoßi gäge-n-e Wand.
Ich bitte drum, wänn's tunkel isch,
lieb' Gott, das Du bii mer bisch.

Amen.

Nun ruhen alle Wälder,
Vieh, Menschen, Städt und Felder,
es schläft die ganze Welt.
Ihr aber, meine Sinnen,
auf, auf, ihr sollt beginnen,
was eurem Schöpfer wohlgefällt.

Wo bist du, Sonne, blieben?
Die Nacht hat dich vertrieben,
die Nacht, des Tages Feind.
Fahr hin, ein andre Sonne,
mein Jesus, meine Wonne,
gar hell in meinem Herzen scheint.

Der Mond ist aufgegangen,
die goldnen Sternlein prangen
am Himmel hell und klar.
Der Wald steht schwarz und schweiget,
und aus den Wiesen steiget
der weiße Nebel wunderbar.

Wie ist die Welt so stille
und in der Dämmrung Hülle
so traulich und so hold
als eine stille Kammer,
wo ihr des Tages Jammer
verschlafen und vergessen sollt.

Seht ihr den Mond dort stehen?
Er ist nur halb zu sehen
und ist doch rund und schön.
So sind wohl manche Sachen,
die wir getrost belachen,
weil unsre Augen sie nicht sehn.

So legt euch denn, ihr Brüder,
in Gottes Namen nieder;
kalt ist der Abendhauch.
Verschon uns,
Gott, mit Strafen
und laß uns ruhig schlafen
und unsern kranken Nachbar auch.

Es git Chind, wo keis Bett händ ..

Liebe Gott, gsehsch Du eus striite,
wänn jedes zerscht uf em Rößli wott riite,
wänn jedes am meischte Schoggi möcht ässe
und immer tuet die andre vergässe?

Mach bitte, das mir weniger tüend striite,
liebe Gott!

Amen.

Liebe Gott,
es git Chind, wo keis Bett händ,
es git Chind, wo nüt z'ässe händ,
es git Chind, wo kei Mueter händ,
es git Chind, wo immer no meh wänd.
Und gliich sind ali i Diine Händ!

Amen.

Uf de Straß

Elei möcht-i spaziere!
Mir cha ja nüüt passiere.
Ich wett in Lade laufe
und sälber Zältli chaufe!
Ich bi doch würkli nüme z'chlii
– und t'Auto fahred g'schnäll verbii.

Lieb Gott, wänn ich elei gah,
mach, das ich nöd mues Angscht ha,
mach, das ich lueg am Straßerand,
au ohni t'Mama a de Hand.
Ich bi ja würkli nüme z'chlii
– doch Du muesch immer bii mer sii!

Amen.

Vom Folge

Folge mues-i sit em Morge
und im Zimmer 's Züg versorge.
Zabig mues-i ine cho,
und dänn bin-i gar nöd froh.
Wäsche mues-i mini Händ,
wil's die Große ebe wänd.
Doch ich find das eifach blöd,
stampfe vil und folge nöd.

Doch wän ali trotze tüend
und nöd mached, was si müend,
git's en große Durenand
uf und ab im ganze Land.
Liebe Gott, ich möcht verstaa,
wie me zfride folge cha,
wie me mängisch lieb chönt sii,
ich wär sälber froh debii.

Amen.

Es isch nöd schön bi vilne Lüüt,
de eint hät z'vil, de ander nüüt.
's wott jede-n-es Auto, es Huus und vil Gält.
Doch vili händ Hunger und Turscht uf de Wält.
Si händ kei Milch; si händ kei Brot.
Du weisch das, Gott, Du gsehsch die Not.

Hilf Du eus a die andere tänke.
Mach, das mer richtig chöned schänke.
Las au eus Chinde nöd vergässe,
das andri fascht nüüt händ zum Ässe.
Las großi Lüüt Idee ha,
wie me-n-em Hunger wehre cha.

Amen.

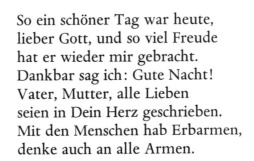

So ein schöner Tag war heute,
lieber Gott, und so viel Freude
hat er wieder mir gebracht.
Dankbar sag ich: Gute Nacht!
Vater, Mutter, alle Lieben
seien in Dein Herz geschrieben.
Mit den Menschen hab Erbarmen,
denke auch an alle Armen.

Amen.

's git Mane und Fraue, die sind elei.
Si möchted Fründ und händ ekei.
Wil's Angscht händ, bliibed si dehei.
Bim Schaffe werdet si nöd froh.
Si säged aber nüüt devoo,
und niemert wott zu ine cho.

Immer müend's eleige-n-ässe.
Lieb Gott, tue Du si nöd vergässe!
Tue Du si nöd so truurig laa,
schick ine glii e Frau, en Maa
oder au e luschtigs Chind,
wo macht, das 's wider zfride sind.

Amen.

Wänn öppert stirbt

Wänn öppert stirbt, dänn chan er nie me cho.
Wänn öppert stirbt, sind sini Fründ nöd froh.
Wänn öppert tot isch, liit er tüüf im Bode.
Mir säged dänn, er seig im Himel obe.
Mir wüssed, Gott, du nimmsch en i diis Riich,
Und deet sind ali Mäntsche gliich.

Wänn öppert chrank isch und nöd möchti sterbe,
Laß Du en, Gott, gliich froh und ruhig werde!
Wänn öppert stirbt, e Frau, en Ma, es Chind,
Wänn d'Lüüt dänn briegged und so truurig sind,
Gib ine Fründ, wo's nöd eleige lönd,
Das 's wider schaffe, ässe, lache chönd.

Amen.

Ich tank Dir, liebe Gott!

Geh aus, mein Herz, und suche Freud
in dieser lieben Sommerzeit
an deines Gottes Gaben;
schau an der schönen Gärten Zier
und siehe, wie sie mir und dir
sich ausgeschmücket haben.

Die Bäume stehen voller Laub,
das Erdreich decket seinen Staub
mit einem grünen Kleide;
Narzissus und die Tulipan,
die ziehen sich viel schöner an
als Salomonis Seide.

Die Lerche schwingt sich in die Luft,
das Täublein fliegt aus seiner Kluft
und macht sich in die Wälder;
die hochbegabte Nachtigall
ergötzt und füllt mit ihrem Schall
Berg, Hügel, Tal und Felder.

Ich selber kann und mag nicht ruhn;
des großen Gottes großes Tun
erweckt mir alle Sinnen;
ich singe mit, wenn alles singt,
und lasse, was dem Höchsten klingt,
aus meinem Herzen rinnen.

Müed isch mis Bei, müed isch min Arm!
Ich lig im Bett, und da isch's warm.
Wie schön isch 's Schlafe und Verwache.
Ich ha so vili schöni Sache.
Du, große Gott, Du sorgsch für mich.
Ich lig im Bett. Ich tänk a Dich.

Amen.

Lobe den Herren, den mächtigen König der Ehren;
lob ihn, o Seele, vereint mit den himmlischen Chören.
Kommet zu Hauf;
Psalter und Harfe, wacht auf.
Lasset den Lobgesang hören.

Lobe den Herren, der alles so herrlich regieret,
der wie auf Flügeln des Adlers dich sicher geführet,
der dich erhält,
wie es dir selber gefällt.
Hast du nicht dieses verspüret?

Ich lache gern, ich lache vil
und freu mi so a mine Spiil.
Ich ha fascht alles, was i wott,
drum tank ich Dir, Du liebe Gott.

Ich schwätze luut, ich schwätze vil,
bis d'Mama seit: Bis äntlich still!
Doch meischtens lost si, wänn ich's wott,
drum tank ich Dir, Du liebe Gott.

Ich laufe schnäll, ich laufe vil,
ich spring und gumpe, wie-n-i will;
mis Velo suust, so wiit ich wott,
drum tank ich Dir, Du liebe Gott.

Amen.

Weißt du, wieviel Sternlein stehen
an dem hohen Himmelszelt?
Weißt du, wieviel Wolken gehen
weithin über alle Welt?
Gott der Herr hat sie gezählet,
daß ihm auch nicht eines fehlet
an der ganzen großen Zahl,
an der ganzen großen Zahl.

Weißt du, wieviel Mücklein spielen
in der heißen Sonnenglut,
wieviel Fischlein auch sich kühlen
in der hellen Wasserflut?
Gott der Herr rief sie mit Namen,
daß sie all ins Leben kamen,
daß sie nun so fröhlich sind,
daß sie nun so fröhlich sind.

Weißt du, wieviel Kinder frühe
stehn aus ihrem Bettlein auf,
daß sie ohne Sorg und Mühe
fröhlich sind im Tageslauf?
Gott im Himmel hat an allen
seine Lust, sein Wohlgefallen,
kennt auch dich und hat dich lieb,
kennt auch dich und hat dich lieb.

Ich ha g'gässe, ich ha trunke,
ich ha andre Lüüte gwunke,
ich ha vili Liedli gsunge,
bi-n-im Garte umeg'sprunge:
So schnäll gaht jede Tag verbii,
er sötti vil, vil lenger sii.

Ich tank Dir, Gott; doch jetz chunt d'Nacht,
wo alles e chli gfürchig macht.
Tue Du die böse Träum vertriibe,
das d'Freud au znacht cha bii mer bliibe.

Amen.

Sollt ich meinem Gott nicht singen?
Sollt ich ihm nicht dankbar sein?
Denn ich seh in allen Dingen,
wie so gut er's mit mir meint.
Ist doch nichts als lauter Lieben,
das sein treues Herz bewegt,
das ohn Ende hebt und trägt,
die in seinem Dienst sich üben.
Alles Ding währt seine Zeit,
Gottes Lieb in Ewigkeit.

Wie ein Adler sein Gefieder
über seine Jungen streckt,
also hat auch immer wieder
mich des Höchsten Arm bedeckt.
Er, der über mir schon wachte,
als ich kaum zu sein begann,
nahm sich meiner herzlich an,
eh ich seiner noch gedachte.
Alles Ding währt seine Zeit,
Gottes Lieb in Ewigkeit.

Was söll-i mache...?

Zäh Finger – das sind mini zwei Händ,
das isch wie-n-es Inschtrumänt.
Mit dene chönt me öppert haue
oder au streichle – und Hüüser baue...
Sand chönt ich i-n-en Chessel siibe
oder mit Tinte en Brief demit schriibe.
     Was söll-i mache, liebe Gott?
     Hilf mir! Ich weiß nöd, was i wott.

Zwei Muschle: en Falt und es Loch devor,
so han ich uf beedne Siite-n-es Ohr.
Ich ghör mängisch Züüg, wo-n-ich gar nöd will,
und mängisch isch es so komisch still.
Ich los nöd, wän en andre mich wott,
und frög: Warum ghör ich nöd d'Stimm vo Gott.
     Wie söll-i lose, liebe Gott?
     Hilf mir! Ich weiß nöd, was i wott.

Zwei Auge han ich, blau oder bruun,
ich gügsle dur 's Schlüsselloch oder ich stuun.
Znacht isch ales nu schwarz und grau,
am Tag chan ich läse und gsehn ales gnau:
Ich gseh di rot Sune und d'Bäum mit em Wind,
Zum Glück, so tänk i, bin ich nöd blind.
     Wie söll-i luege, liebe Gott?
     Hilf mir! Ich weiß nöd, was i wott.

Zwoo Lippe, vili Zäh, das isch mis Muul.
Redt's z'vill, oder isch es sogar fuul?
Es verzellt au Gschichte und niemert lost zue,
es schimpft und chräät und mängisch git's Rue.
Es chäut und verbiißt mer, was ich nu will,
und öppe ißt's würkli e chli z'vill.
    Wie söll-i rede, liebe Gott?
    Hilf mir! Ich weiß nöd, was i wott.

Amen.

Läbe und Sterbe

Es stirbt en alti Frau. Es stirbt vilicht es Chind.
Es sterbed Mane, wo no starch und fliißig sind.
Mir chönd das nöd verstaa und tüend dänn truure.
Mir finded, 's Läbe sötti lenger duure.

Du lasch eus wachse, Gott, Du lehrsch eus tänke.
Du tuesch eus t'Freud, Du tuesch au Fründ eus schänke.
Das Läbe machsch Du schön, 's isch ganz i Diine Händ.
Mach, das mir Tag für Tag gnueg Sorg zum Läbe gänd.

Doch jedem Läbe, Gott, gisch Du es Änd
Zur rächte Ziit, au dänn, wänn mir's nöd wänd.
Nimm Du eus t'Angscht devor, hilf eus bim Sterbe.
Hilf tanke-n-eus für 's Glück uf dere-n-Erde.

Amen.

Unser Vater im Himmel.
Geheiligt werde Dein Name.
Dein Reich komme.
Dein Wille geschehe, wie im Himmel, so·auf Erden.
Unser tägliches Brot gib uns heute.
Und vergib uns unsere Schuld,
wie auch wir vergeben unsern Schuldigern.
Und führe uns nicht in Versuchung,
sondern erlöse uns von dem Bösen.
Denn Dein ist das Reich und die Kraft und die
    Herrlichkeit in Ewigkeit.

Amen.

Wie betet man mit Kindern?

Beten als Wiederholen

Kleine Kinder haben eine Vorliebe für Lieder mit einem Refrain. Schon ein kaum Einjähriges lacht und lauscht gespannt, wenn einzelne Silben wiederholt werden, und es versucht, diese Laute auf ungeschickte Art nachzulallen. Es findet in einem «Tra-la-la» vielleicht seine eigenen ersten Sprechversuche aufgenommen und beantwortet.

Alle kindliche Sprache beginnt mit Wiederholungen: Zuerst sind es einzelne Laute, die immer wieder geformt, spielerisch repetiert und abgewandelt werden. Dieses Sprechen ist vorerst noch kein Mitteilen besonderer Inhalte; das ganz kleine Kind hat noch keine Möglichkeit, Dinge zu bezeichnen, Fragen und Antworten zu formulieren. Aber auch bei den ersten Versuchen, etwas zu benennen, liebt es Bezeichnungen wie «Tik-tak», «Bi-bi» usw. Etwas später formt es richtige Wörter, wiederholt diese aber bei jeder Gelegenheit aus Freude über die neu erworbene Geschicklichkeit.

Auf diese Bedürfnisse des Kleinkindes, die in der Sprachentwicklung zum Ausdruck kommen, soll man wohl auch im Kindergebet Rücksicht nehmen. Das heißt nun nicht, daß man etwa die Babysprache nachahmen oder durch möglichst viele Verkleinerungsformen die Verse besonders «niedlich» gestalten solle. Gerade für ein kleines Kind ist die Welt nicht unbedeutend und zierlich – eher groß und bedrohlich. – Immer ist das Erlebnis der Freude mit dem Wiederholen, dem Wiedererkennen von schon Vertrautem verbunden. Das Wiedererkennen, das Wiederaussprechen ist es auch, was dem kleinen Kind den Reim, der Laute wiederholt, und den Refrain, der ganze Zeilen wiederholt, so beliebt macht. So haben denn mit voller Absicht alle in diesem Büchlein aufgezeichneten Gebete eine bestimmte Form und sind fast immer gereimt. Im Vertrauen auf die Sprache, das hier geweckt und gefestigt wird, drückt sich Daseinsfreude überhaupt aus; diese Daseinsfreude aber ist Ausdruck eines Gefühls von Geborgenheit: Geborgenheit bei Menschen, Geborgenheit bei sprachlichen Formen. Solche Geborgenheit ist eine Voraussetzung für das

Vertrauen zu Gott, ja sie gehört mit zum Aufgehobensein bei Gott. Das spürt das Kind schon früh, wohl noch unbewußt, weil es vielleicht im Rahmen solcher kleinen Gebetsverse zum erstenmal von Gott hört.

Beim ganz kleinen Kind soll das gesprochene oder gesungene Gebet vorerst wirklich nichts anderes als ein freudiges Ereignis sein; ob darin von religiösen Dingen die Rede ist oder nicht, spielt noch keine besondere Rolle. Daß Freude in Worte gefaßt wird, soll eine frühe Erfahrung sein, die hoffentlich auch später erhalten bleibt und das Gebet nie zu einer todernsten, erzwungenen Angelegenheit werden läßt. Daß diese Freude nur ein gemeinsames Erlebnis der Mutter oder des Vaters *mit* dem Kind sein kann, ist wohl selbstverständlich.

Das Gebet ist aber nicht nur ein Wiederholen einzelner Sprachelemente. Das Gebet als ganzes, auch die *Situation* des Betens kehrt regelmäßig wieder. Am besten eignet sich beim kleinen Kind zum Gebet wohl die Zeit vor dem Einschlafen. Es liegt dabei gesättigt und warm in seinem Bett oder sitzt auf dem Schoß der Mutter. Eine bestimmte Haltung der Mutter oder des Vaters, die vertraute Stimme, ein Lächeln werden, wenn sich das Ganze wiederholt, vom Kind als vertraute Geste begrüßt. Das natürliche Bedürfnis des Menschen nach einer Art Zeremonie, nach einem Ritual, kommt darin deutlich zum Ausdruck. Dieses Bedürfnis zu befriedigen ist richtig und wohl für alle Beteiligten beruhigend. Das Kind freut sich: es ist die Freude über eine bestimmte Ordnung des Tagesablaufs. Vielleicht ist das abendliche Beten, Singen oder Erzählen der einzige Moment der «Tagesordnung» des Kleinkindes, der nicht nur mit der Befriedigung seiner körperlichen Bedürfnisse oder mit der Erfüllung von Pflichten zu tun hat. Insofern ist es kein unbedingt nötiges, ja gewissermaßen ein «luxuriöses» Tun. Es ist in mancher Beziehung der Beschäftigung des Kindes mit allem Schönen zu vergleichen. Diesem Schönen begegnet das Kind in künstlerisch wertvollen Bilderbüchern, in der Musik, aber auch in den Schönheiten der Natur, im Schönsein eines Menschen, den es liebt. Das Empfinden und Genießen solcher Schönheit ist an und für sich keine Lebensnotwendigkeit, gibt aber jedem Leben, schon jenem des kleinen Kindes, eine ganz andere Dimension. Solches Empfinden zu wecken, braucht Zeit und Phantasie, genau wie jedes Gespräch über religiöse Probleme, wie jedes Gebet.

Abwechslung

Kommt man dem Bedürfnis des Kindes nach Ritual nach, so muß man sich und das Kind selbst immer wieder einer großen Gefahr entziehen, jener nämlich, daß dieses Ritual zum leeren Geschwätz wird, zu einem Zwang, zu einem Herunterleiern, das trotzdem weiterhin eine gewisse Freude bereiten kann. Es kommt häufig vor, daß Kinder darauf bestehen, allabendlich das gleiche Gebet, die gleichen Lieder zu sprechen und zu singen, ja sogar immer in der gleichen Reihenfolge. Es mag, will man das Kind rasch und reibungslos unter der Decke haben, am einfachsten sein, diesem Drang nachzugeben. Das Einführen *neuer* Lieder oder Gebete wird dann fast unmöglich, es sei denn, man behalte die alten gewohnten bei und verlängere dadurch einfach das abendliche «Programm». Den Kindern, die ihre Mutter vor dem Schlafen gern möglichst lange an ihr Bettchen fesseln, wird diese Lösung durchaus angenehm sein.

Eine Möglichkeit aber, dem Herunterleiern immer gleicher Formeln zu wehren, besteht darin, daß man von Anfang an mit Liedern und Gebeten abwechselt. Die Wiederholung innerhalb der sprachlichen Form, die Wiederholung der angenehmen Situation sind genug der Wiederkehr von Vertrautem, so daß man getrost auf eine feste Auswahl verzichten kann. Das setzt eine vermehrte Beweglichkeit der Eltern voraus, fördert aber auch die geistige Beweglichkeit des Kindes und verhindert sture Gewohnheiten. Es ist dabei für keine Mutter eine Schande, beim Sprechen oder Singen neuer Verse ein Buch auf dem Schoß liegen zu haben und daraus abzulesen. Sie soll sich wohl vorher überlegen, was sie mit dem Kind beten will. Sie ist aber keineswegs verpflichtet, vorher auswendig zu lernen, was sie mit dem Kind zu sprechen, singen oder lernen im Sinne hat. Auch das Kind selbst muß nicht alle Gebete, die gelegentlich gebraucht werden, auswendig hersagen können. Besonders beliebte oder sehr kurze Gebete wird es von selbst bald nachsprechen – bei andern hört es lieber zu und spricht vielleicht nur einen Refrain mit. Die hier vorliegenden Gebete sollen den Eltern kleiner Kinder beim Abwechseln helfen; nicht alle – vor allem nicht die längeren – sind zum Auswendiglernen und erst recht nicht zum allabendlichen Hersagen geeignet.

Gebet als Nachdenken

Außer durch Abwechseln kann man noch auf andere Weise ein immer gleiches Abrollen des kindlichen «Abendprogramms» verhindern. Sobald das Kind etwas sprechen und verstehen kann, wird man sich möglichst die Zeit nehmen, abends am Bett mit ihm zu reden. Vielleicht knüpft sich an ein Lied, an einen Vers, an ein Gebet ein einfaches Gespräch an. Vielleicht will dabei das erst zweijährige Kind, das noch keine Sätze bilden kann, einfach die Wörter, die es bereits weiß, wiederholen, und die Eltern werden ihm dabei helfen. Etwas später kann daraus ein kurzes gemeinsames Bedenken des vergangenen Tages werden, ein Bedenken, das zu einem freien Gebet mit dem Kinde führen kann. Aufregende Erlebnisse werden in Worte gefaßt, sie werden mit Hilfe der Sprache wiederholt und dadurch ein Stück weit verarbeitet. Ein gereimtes Gebet, das vorher oder nachher gesprochen werden kann, oder ein Lied ist vielleicht gar nicht immer nötig; nach Möglichkeit aber ist es, sofern man ein solches Gebet spricht, in Zusammenhang zu bringen mit dem Gespräch von Mutter und Kind.

Frei formulierte Kindergebete – in Prosa – sollen in der Regel nicht auswendig gelernt werden. Solche Gebete sind in diesem Büchlein nicht abgedruckt. Abgesehen davon, daß diese Gebete, die nicht Versform haben, für Kinder äußerst schwierig auswendig zu lernen sind, müssen sie spontan aus einem Gespräch mit dem Kind herauswachsen. Es werden darin Dinge, Menschen, Probleme vorkommen, die nur zu diesem Tag, nur zu diesem Kind passen. Es könnte hier vielleicht vom Tode eines Menschen, den das Kind gekannt und geliebt hat, gesprochen werden. Meist aber wird von «harmlosen» Dingen die Rede sein: vom Ärger über den kleinen Bruder, der die Spielsachen durcheinanderbringt, von der Freude an der neuen Puppe oder vom Kummer über das Essen, auf das man nie Lust hat. Solche Dinge können besprochen und vielleicht – jedesmal neu – in einem knappen Satz vor Gott gebracht werden. Etwa so: «Lieber Gott, die neue Puppe gefällt mir so gut, ich danke Dir!» Ein Nachdenken über sich selbst, über seine Probleme, aber auch über andere Menschen bildet den Ausgangspunkt für solche kurzen Gebete, ja dieses Nachdenken ist schon ein entscheidender Teil des Betens.

Gebet als Bitte

Daß das Wort Gebet mit «Bitten» zusammenhängt, ist bekannt. Daß wir Gott im Gebet um etwas bitten, scheint selbstverständlich. Aber worum bitten wir ihn denn? Worum soll ein kleines Kind Gott bitten? Naheliegend für ein Kind wäre es etwa, wenn es in einer Bitte an Gott sein Verlangen nach einem bestimmten Spielzeug, seinen Wunsch nach schönem Wetter oder sein Begehren, nicht schlafen zu müssen, vorbringen würde. Bitten dieser Art lassen sich leicht vermehren; sie wirken wie einzelne Wünsche auf einem Wunschzettel. Können wir dem Kind aber garantieren, daß diese Wünsche erfüllt werden? Besteht nicht die Gefahr, daß das Kind, wenn solche Wunschlisten unerfüllt bleiben, an Gott überhaupt zu zweifeln beginnt? Es wird darum in den vorliegenden Gebetchen nicht um ganz bestimmte Wohltaten oder Gegenstände gebetet, sondern um Gottes Anwesenheit bei uns; wie er diese Anwesenheit bekunden will, soll das Kind – und das wird ihm schwerfallen – getrost Gott selbst überlassen.

Gott ist nicht dazu da, dort zu helfen, wo das Erfüllen von Wünschen über die Kräfte der Erwachsenen geht. Gott wäre dann gewissermaßen nur für den Notfall da, wenn alle andere Hilfe versagt. Eine solche Überzeugung aber würde später, schon beim Schulkind und erst recht beim Erwachsenen, dazu führen, daß jeder immer nur dann an Gott denkt, wenn er sich mit seiner eigenen Weisheit am Rande fühlt. Das Gebet ergeht dann als ein Hilferuf an Gott, an den man sonst, in guten Tagen, kaum gedacht hat. Aber schon das Kind soll gerade lernen, immer mit Gott zu leben, alle, auch die normalsten Lebensbereiche mit Gott in Verbindung zu bringen. Es soll wissen, daß Gott auch da zu finden ist, wo kein Notschrei nötig ist, daß Gott mit zu seinem ganzen Leben gehört.

Wenn also beim Bitten um Äußerlichkeiten und auch beim Bitten um Hilfe in der Not Vorsicht geboten ist, so darf auch das Bitten für andere Menschen, die Fürbitte, dem Kind nicht vorbehaltlos anerzogen werden. Sicher ist gerade das Bitten für andere Menschen – auch pädagogisch – von großer Bedeutung: Kinder sollen lernen, nicht nur an ihre eigenen Bedürfnisse, sondern auch an die Not der anderen zu denken und sie vor Gott zu bringen. Wenn diese anderen im Fürbittengebet Gott anempfohlen werden, darf aber niemals das Gefühl im Betenden aufsteigen, für den «Nächsten» sei jetzt gesorgt, Gott habe ja die Verantwortung übernommen. Schon das kleine Kind kann seine Verantwortung für den Mitmenschen nicht einfach auf Gott abwälzen. Dies soll zum Beispiel in den hier angeführten Gebeten, die von Streit reden, zum Ausdruck kommen: Das Kind muß spüren, daß die Probleme der Welt – und seien es noch so kleine Kinderstreitereien – nicht durch Gottes starke Hand «von oben» gelöst werden, sondern daß dazu auch das Tun jedes einzelnen nötig ist. Vielleicht erfährt das Kind in diesem Zusammenhang – ohne den abstrakten und bedrohlichen Ausdruck zu hören – etwas von Schuld und Sünde, aber auch von Sündenvergebung, wobei auch dieser Ausdruck nicht zum Wortschatz des Kleinkindes gehört. Es wird hoffentlich erfahren, daß es nicht um ein «reines Herz», nicht darum, möglichst «fromm» vor Gott dazustehen, geht. Althergebrachte Kindergebete, welche die Bitte um Frömmigkeit oder um das «In-den-Himmel-Kommen» formulieren, veranlassen das Kind, egoistisch auf sein eigenes Seelenheil bedacht zu sein und den Blick dabei auf ein eher phantastisches, von Engeln bevölkertes Jenseits zu richten. Beim Blick auf den anderen Menschen und die ganze Welt aber muß die Selbstgerechtigkeit und das Sorgen um eigene Reinheit schwinden. Die Hilfe Gottes, um die zu bitten ist, kann schon einem Kind als einzige Hoffnung für diese Welt erscheinen – und gleichzeitig darf diese Hoffnung ihm das Gefühl, selber helfen zu müssen, nicht nehmen.

Gebet ist also durchaus Bitten, aber kein Bitten um alltäglichen Krimskrams, nicht nur Hilfeschrei in der Not und auch kein Entlasten von der Verantwortung für den Mitmenschen.

Gebet als Frage nach Gott

Im Gebet wird Gott angeredet. Während das Kind, das sprechen lernt, mit einzelnen Gegenständen bestimmte Lautkombinationen verbindet, so daß Sache und Wort sich entsprechen, weiß es in der Regel nicht, was das Wort «Gott» eigentlich bedeutet. «Gott» wird ihm wohl zuerst in Abendliedern und Gebeten begegnen, und es wird beginnen zu fragen.

Die Frage «Wer ist dieser Gott?» wird in jedem Gebet mitschwingen; diese Frage wird das Kind ständig in Bewegung halten, gerade, weil wir sie nicht ein für allemal beantworten können und weil auch Gott auf alles Drängen dem Kind keine unmittelbare Antwort geben wird. Es gilt dann, ihm klarzumachen, daß wir nicht auf Antworten Gottes warten sollen, sondern daß wir selbst Gott in unserem Tun und unserem Gebet antworten müssen und daß er uns dabei hilft. Ein ganz direktes Antworten wäre das Dankgebet. Aber auch ein Kind, das zum erstenmal ein gefährliches Abenteuer wagt – sei es das Überqueren einer Straße, ein erstes selbständiges Einkaufen, der Besuch bei einer noch unbekannten Tante –, kann, indem es in solchen Augenblicken auf die Hilfe Gottes hofft, diesem Helfer schon dankbar antworten. Ein hilfsbereites Verhalten andern Kindern oder auch Erwachsenen gegenüber ist dann mehr als andressierte Höflichkeit – es wird ein liebevolles Beantworten von Gottes Liebe. Bei alldem braucht es sich von der Tatsache, daß es nichts über Gottes Wohnort oder sein Aussehen weiß, nicht beirren zu lassen.

Wir kennen aber Geschichten von diesem Gott, Geschichten, in denen gezeigt wird, was er vermag und wie er handelt, ohne dabei zu sagen: «So sehe ich aus» oder «So müßt ihr euch mich vorstellen». Solche Geschichten, seien sie nun dem Alten oder dem Neuen Testament entnommen, werden von Anfang an eine Ergänzung zum kindlichen Beten bilden. Man könnte den Kindern etwa die Geschichte von «Abrahams Gastfreundschaft» (1.Mose 18, 1–16) erzählen; wichtig ist in dieser Geschichte nicht, in welcher Form Gott sich durch die drei Männer dem Abraham kundtut. Abraham sagt nicht: «Aha, so sieht Gott aus, das ist er nun!» Vielmehr beginnt er zu handeln, und später wird ihm klar, daß Gott seine an sich unwahrscheinliche Verheißung, daß die alte Sara noch einen Sohn bekommen wird, wirklich wahr macht.

Auch von Jakobs Kampf am Jabbok (1.Mos. 32, 22–30) kann man Kindern berichten. Gott gibt Jakob auf die Frage «Sag an, wie heißest du?» keine Antwort; das heißt, die Antwort Gottes besteht darin, daß er Jakob segnet, daß er ihm also verspricht, bei ihm zu bleiben. Nachträglich wird es Jakob klar, daß er Gott geschaut hat. Aber auch er kann über Gottes Aussehen, ja auch über seinen Namen nichts sagen. Obwohl er mit Gott gerungen hat, weiß er nachher nicht mehr als dies: Es gibt einen Gott –

das spüre ich am eigenen Körper, an meinem verletzten Hüftgelenk – und dieser Gott wird mich beschützen. Daß alles Beten des Menschen ein ähnliches Ringen ist wie dieser Kampf des Jakob mit Gott, ist eine Erkenntnis, die man Kindern nicht ohne weiteres vermitteln kann, die aber den Eltern selbst ein Stück weiterhilft. Aber die Geschichte selbst kann man schon relativ kleinen Kindern erzählen, und sie werden, vielleicht unbewußt, etwas von ihrem tieferen Sinn erfassen.

Auch Geschichten aus dem Leben Jesu sollten Kinder kennenlernen. Wundergeschichten etwa eignen sich für kleine Kinder relativ gut; die ganz Kleinen werden dabei noch keine kritischen und realistischen Fragen stellen. In allen Erzählungen soll Jesus den Kindern als glückbringender, hilfreicher Mensch erscheinen; er ist von Gott gesandt und kann in seinem Leben und Wirken zeigen, «wie Gott es mit uns meint». Er kennt Gott besser als alle andern Menschen; er liebt uns so, wie Gott uns liebt; er zeigt uns, wie wir die andern lieben können. Daß Jesus für uns Menschen, um unserer Sünden willen, gestorben ist, ist ein Gedankengang, der kleinen Kindern kaum zugänglich ist und auch in Gebeten nicht – oder höchstens nach längeren Gesprächen über die Passionsgeschichte – vorkommen soll. Folgende Zeilen aus «Müde bin ich..» sollten darum abgeändert oder weggelassen werden:

«Deine Gnad und Christi Blut
machen allen Schaden gut.»

Folgende Neufassung dieser zwei Zeilen hätte mehr das Tun des Menschen als Gottes Erlösungstat im Auge und wird von Kindern gern gesprochen:

«Zu niemand laß mich Böses sagen,
auch nicht zu denen, die mich plagen.»

So wie sich in den verschiedenen biblischen Geschichten Gott nicht immer als der gleiche zeigt, so wird in den vorliegenden Gebeten nicht immer die genau gleiche Gottesvorstellung vorausgesetzt. Ja es wird versucht, Gott überhaupt nicht genau zu beschreiben, sondern die Frage nach ihm offenzulassen und immer von neuem zu wecken. Vor allem sollen keine unkindgemäßen Formeln wie jene der Dreieinigkeit zu früh beigebracht werden. Gott als der Allwissende, der zur drohenden Kontrollinstanz werden kann, soll gegenüber dem helfenden, freundlichen Gott in den Hintergrund treten. Diesen freundlichen Gott kann das Kind selbst erfahren; es weiß dabei nicht sicher: «Jetzt ist Gott bei mir» – aber es mag etwas davon ahnen, es mag sich – gerade etwa in Ängsten vor dem Dunkeln – dabei von einem fröhlichen Geheimnis umgeben wissen. Allerdings ist das Reden von Gott kein Universalheilmittel gegen eine Angst, die möglicherweise in bestimmten Erlebnissen des Kindes begründet ist und vielleicht nur durch die Anwesenheit eines vertrauten Erwachsenen oder ein brennendes Lämpchen beruhigt werden kann. Eltern können bei solchen Gelegenheiten wohl von Gottes Anwesenheit und seiner Güte sprechen; ihr eigenes Dasein und Mitfühlen mit dem Kind wird dadurch aber nicht überflüssig. Gott wird sonst zur faulen Ausrede für Erwachsene, die sich selbst – grob gesagt – durch den Babysitter «Gott» ersetzen lassen.

Selbstverständlich soll gerade im Gebet Gott auch nicht zu einem «kindlichen» Gott, der im Himmel thront und von Englein umflattert wird, gemacht werden. Das wäre genauso falsch wie das Drohen mit einem unverständlichen, grausamen oder unheimlichen Gott!

Gebet als Dank

Fragt oder bittet das Kind Gott, so verlangt es etwas von ihm. Bei diesem Verlangen wird ihm bewußt, daß ihm vieles fehlt und daß es vieles nicht weiß. Das Gebet darf aber – und das soll sich ja schon in seiner Form ausdrücken – nicht in erster Linie ein Klagen und Drängen sein, sondern immer auch Ausdruck der Freude über das viele, das Gott uns geschenkt hat, der Freude über das, was wir alles können. Diese Freude anzuerkennen und für sie zu danken muß ein wichtiger Bestandteil des Kindergebetes sein. Gebete des Dankens, wie sie hier angeführt sind, beginnen meist mit «ich»; das mag befremden und sehr ichbezogen klingen. Ein kleines Kind aber (und wir alle, wenn wir ehrlich sein wollen!) kann bei allem Danken und Beten vorerst nicht von der eigenen Erfahrung abstrahieren. Wichtig ist, es dabei so zu lenken, daß es innerhalb seines

Erfahrungsbereichs das Schöne zu sehen und zu erleben vermag, und nicht vor allem das, was ihm fehlt.

Daß zu den Dankgebeten auch gute Tischgebete gehören müßten, sei hier nur erwähnt. Ganz sicher ist das Beten vor Tisch im allgemeinen und besonders mit *kleinen* Kindern nicht einfach. In dem hier gesteckten Rahmen beschränken wir uns im wesentlichen auf das Abendgebet, die Urform des Kleinkindergebets, wie mir scheint.

Daß Gott uns trotz unserer Unwissenheit und trotz unserer Streitereien helfen will, wird wohl in Unterhaltungen mit Kindern immer neu zur Sprache kommen müssen. Das Erzählen von Gleichnissen oder Bildern aus dem Neuen Testament kann dabei helfen: Der «Gute Hirte», der auch dem kleinsten Schäfchen nachgeht; der Vater, der seinen verlorenen Sohn entgegen allen Erwartungen und trotz seiner Fehltritte wieder mit Freuden aufnimmt. Etwas von Vergebung kann das Kind in diesem Zusammenhang, aber auch im Verhalten der Eltern ihm gegenüber spüren. Es wird schon relativ früh – und dies sicher ohne Schaden! – das «Unser Vater» oder einige Kirchenlieder sprechen können, ohne sie völlig zu verstehen; es wird in diese Texte allmählich hineinwachsen und, sofern man Gelegenheit zu fragen gibt, mehr und mehr davon verstehen. Das vorsichtige Einüben in ein freies Beten und das Lernen geeigneter «erwachsener» Strophen werden es dem Kind später erleichtern, die typischen Kindergebete fallenzulassen. Es wird dann im Nachdenken über sich selbst und seine eigene Wirklichkeit, aber auch im Danken für Gottes Allmacht eine gewisse Erfahrung sammeln und – so hoffen wir – die Anleitung Erwachsener nicht mehr unbedingt brauchen.

Beim größeren Kind wird es weniger auf bewußt angewandte Erziehungsmethoden ankommen. Einerseits werden frühkindliche Erfahrungen weiterverarbeitet, anderseits wird jetzt das Verhalten der Eltern selbst, die Frage, ob und wie die Erwachsenen beten, dringlicher. Die Tatsache, daß man Beten nicht wie irgendeine äußere Fertigkeit mechanisch erlernen und ausüben kann, wird jetzt besonders deutlich. Aber auch kleine Kinder beten wohl kaum mit Überzeugung, wenn sie bei den Eltern kein wahres Interesse für die Beziehung zu Gott spüren oder wenn das Verhalten der Erwachsenen den Gebetsworten widerspricht. So ist das Beten der Kinder von Anfang an nicht denkbar ohne das Gebet der

Eltern selbst. Wenn wir als Erwachsene fähig sind zu beten, können wir dankbar sein. Überträgt sich diese Dankbarkeit auf ein Kind, werden wir uns doppelt freuen und gerade aus der kindlichen Reaktion neue Hoffnung schöpfen. So ist das Kind einerseits völlig auf die Erwachsenen angewiesen, kann aber anderseits seinen Eltern immer wieder Anregung und neue Kraft vermitteln. Beide Teile sind dabei die Schenkenden und die Beschenkten.

Quellennachweis

Seiten 10 und 11
    Aus «Kinder beten», Benteli Verlag, Bern 1966
Seite 15
    Paulus Gerhardt (1607–1676) Kirchengesangbuch Nr. 43, Str. 1, 3, 4, 7
Seite 21
    Schweizerisches Volkslied, 2. Strophe abgewandelt
Seiten 19, 22, 35
    Bekannte deutsche Kindergebete von unbekannten Verfassern.
    In verschiedenen Gebetssammlungen überliefert.
Seite 23
    Luise Hensel (1798–1876) 2 Zeilen gestrichen
Seite 26
    Gerhardt, KG 86, 1 und 2
Seite 27
    Matthias Claudius (1740–1815) KG 92, 1, 2, 3, 7
Seite 40
    Gerhardt, KG 97 1, 2, 3, 8
Seite 43
    Joachim Neander (1650–1680) KG 52, 1 und 2
Seite 46
    Wilhelm Hey (1789–1854)
Seite 48
    Gerhardt, KG 48, 1 und 2

Alle andern Gebete stammen von Regine Schindler.

Regine Schindler
Starche Gott – Du bisch min Fründ
Gebete für kleine und grosse Kinder
72 Seiten mit Illustrationen von Sita Jucker,
DM 21.60/Fr. 18.–

Hier ist nun die zweite Folge der Kindergebete. Es sind moderne Gebete in Mundart, welche den jungen Menschen ermuntern, Gott als Freund kennenzulernen und mit ihm getrost über eigene und fremde Nöte zu reden.

Regine Schindler
Zur Hoffnung erziehen
Gott im Kinderalltag
312 Seiten, mit farbigen Abbildungen,
gebunden, DM 39.80/Fr. 37.–

Kinder fragen nach Gott, fragen «warum» und «wieso» in den verschiedensten Situationen des Alltags. Eltern erfahren durch die kompetente Autorin, wie man solchen Fragen hoffnungsvoll und ehrlich begegnen kann. Es entstand das Handbuch zur religiösen Erziehung: praxisorientiert, packend geschrieben, theologisch fundiert.